Amadou Daouda Dia

MPLS: Multi Protocol Label Switching

Amadou Daouda Dia

MPLS: Multi Protocol Label Switching

MPLS:l'Ingénierie de Trafic,la Qualité de Servie et les VPN (Virtual Private Networks)

Éditions universitaires européennes

Mentions légales / Imprint (applicable pour l'Allemagne seulement / only for Germany)
Information bibliographique publiée par la Deutsche Nationalbibliothek: La Deutsche Nationalbibliothek inscrit cette publication à la Deutsche Nationalbibliografie; des données bibliographiques détaillées sont disponibles sur internet à l'adresse http://dnb.d-nb.de.
Toutes marques et noms de produits mentionnés dans ce livre demeurent sous la protection des marques, des marques déposées et des brevets, et sont des marques ou des marques déposées de leurs détenteurs respectifs. L'utilisation des marques, noms de produits, noms communs, noms commerciaux, descriptions de produits, etc, même sans qu'ils soient mentionnés de façon particulière dans ce livre ne signifie en aucune façon que ces noms peuvent être utilisés sans restriction à l'égard de la législation pour la protection des marques et des marques déposées et pourraient donc être utilisés par quiconque.

Photo de la couverture: www.ingimage.com

Editeur: Éditions universitaires européennes est une marque déposée de
Südwestdeutscher Verlag für Hochschulschriften GmbH & Co. KG
Dudweiler Landstr. 99, 66123 Sarrebruck, Allemagne
Téléphone +49 681 37 20 271-1, Fax +49 681 37 20 271-0
Email: info@editions-ue.com

Produit en Allemagne:
Schaltungsdienst Lange o.H.G., Berlin
Books on Demand GmbH, Norderstedt
Reha GmbH, Saarbrücken
Amazon Distribution GmbH, Leipzig
ISBN: 978-3-8417-8140-6

Imprint (only for USA, GB)
Bibliographic information published by the Deutsche Nationalbibliothek: The Deutsche Nationalbibliothek lists this publication in the Deutsche Nationalbibliografie; detailed bibliographic data are available in the Internet at http://dnb.d-nb.de.
Any brand names and product names mentioned in this book are subject to trademark, brand or patent protection and are trademarks or registered trademarks of their respective holders. The use of brand names, product names, common names, trade names, product descriptions etc. even without a particular marking in this works is in no way to be construed to mean that such names may be regarded as unrestricted in respect of trademark and brand protection legislation and could thus be used by anyone.

Cover image: www.ingimage.com

Publisher: Éditions universitaires européennes is an imprint of the publishing house
Südwestdeutscher Verlag für Hochschulschriften GmbH & Co. KG
Dudweiler Landstr. 99, 66123 Saarbrücken, Germany
Phone +49 681 3720-310, Fax +49 681 3720-3109
Email: info@editions-ue.com

Printed in the U.S.A.
Printed in the U.K. by (see last page)
ISBN: 978-3-8417-8140-6

Remerciements:

Les travaux présentés dans ce livre sont l'aboutissement de deux années d'études effectués au Centre de Formation Technologique de Tunis en Réseaux et sécurité informatique.

Je tiens à exprimer toute ma reconnaissance à mes professeurs qui m'ont encadré toute l'année, qui m'encourageaient et qui me poussaient à travailler plus. Je remercie plus particulièrement Monsieur Wahid Professeur en Interconnexion des Réseaux LAN et WAN pour avoir mis à ma disposition les moyens nécessaires à la réalisation de mes travaux et pour la qualité de son encadrement et de ses conseils. QU'il soit assuré de tout mon respect et de ma gratitude.

Table des matières :

Introduction Générale

Au cours des dernières années, l'Internet s'est transformé en un réseau omniprésent et a inspiré le développement d'une série de nouvelles applications dans les affaires et marchés de consommateurs. Ces applications ont des besoins garantissant en termes de bande passante et de sécurité de service au sein des backbones. En plus des données traditionnelles, Internet doit maintenant transporter voix et données multimédia. L'Internet a émergé comme réseau de choix pour fournir ces services convergés. Cependant, les demandes placées sur le réseau par ces nouvelles applications et services, en termes de vitesse et bande passante, ont tendu les ressources en infrastructure existante d'Internet.

En plus de ces contraintes sur les ressources, un autre challenge est le transport des données sur le backbone en offrant différentes classes de services aux utilisateurs. La croissance exponentielle du nombre d'utilisateurs et le volume du trafic ajoute une nouvelle dimension au problème. Les classes de services (CoS) et la qualité de service (QoS) doivent être prisent en compte pour répondre aux différents besoins de chaque utilisateur du réseau.

MPLS jouera un rôle important dans le routage, la commutation, et le passage des paquets à travers les réseaux de nouvelle génération pour permettre la rencontre entre les besoins de service et les utilisateurs du réseau.

Partie I:
Etude Théorique

Chapitre I: Présentation de MPLS

Introduction:

Actuellement, pour transmettre des paquets IP (Internet Protocol) d'une adresse source vers une adresse de destination sur un réseau, la méthode de routage utilisée est un routage unicast saut par saut basé sur la destination.

Cependant, la flexibilité de ce type de routage est affectée par certaines restrictions dues à l'utilisation de cette méthode.

C'est pourquoi l'IETF décida de mettre au point un ensemble de protocoles pour former un nouveau type d'architecture réseau appelée MPLS (MultiProtocol Label Switching), destinée à résoudre la majeure partie des problèmes rencontrés dans les infrastructures IP actuelles et à en étendre les fonctionnalités.

Généralités:

L'architecture MPLS repose sur des mécanismes de commutation de labels associant la couche 2 du modèle OSI (commutation) avec la couche 3 du modèle OSI (routage).De plus, la commutation réalisée au niveau de la couche 2 est indépendante de la technologie utilisée.

En effet, le transport des données au sein d'une architecture MPLS peut être par exemple effectué à l'aide de paquets ou de cellules à travers des réseaux Frame Relay ou des réseaux ATM.

Cette commutation, indépendante des technologies utilisées est possible grâce à l'insertion dans les unités de données (cellules ou paquets) d'un label. Ce petit label de taille fixe indique à chaque nœud MPLS la manière dont ils doivent traiter et transmettre les données.

L'originalité de MPLS par rapport aux technologies WAN déjà existantes est la possibilité pour un paquet de transporter des labels et la manière dont ceux-ci sont attribués.

L'implémentation des labels permet une meilleure gestion de l'ingénierie de trafic et des VPN notamment en offrant la possibilité de rediriger rapidement un paquet vers un autre chemin lorsqu'une liaison est défaillante.

MPLS une norme proposée par l'IETF, l'organisme de normalisation d'Internet, pour L'ensemble des architectures et des protocoles de haut niveau (IP, IPX, AppleTalk, etc.). Cependant, son implémentation la plus classique concerne uniquement le protocole IP. Les nœuds de transfert spécifiques utilisés dans MPLS sont appelés LSR (Label Switched Router). Les LSR se comportent comme des commutateurs pour les flots de données utilisateur et comme des routeurs pour la signalisation. Pour acheminer les trames utilisateur, on utilise des références, ou *labels*. À une référence d'entrée correspond une référence de sortie. La succession des références définit la route suivie par l'ensemble des trames contenant les paquets du flot IP.

Toute trame utilisée en commutation, ou label-switching, peut être utilisée dans un réseau MPLS. La référence est placée dans un champ spécifique de la trame ou dans un champ ajouté dans ce but.

Solutions apportées par le MPLS:

L'augmentation des flux d'informations transitant à travers les réseaux, en particulier le réseau Internet, a engendrée une nécessité de consommation de bande passante de plus en plus grande depuis ces dernières années.

Cette demande a favorisée l'évolution de ces différents réseaux ce qui a par la même occasion augmenté la complexité de gestion de l'ensemble de ces réseaux.

Jusqu'à présent, afin de garantir une bande passante, une sécurité ainsi qu'une qualité de service suffisante aux besoins grandissant des utilisateurs, différentes technologies ont été utilisées.

Cependant, toutes les technologies utilisées jusqu'à maintenant n'étaient pas optimales concernant la gestion ainsi que la maintenance des réseaux. C'est pourquoi, afin de palier à ces problèmes, une équipe de l'IETF (Internet Engineering Task Force) se forma en 1997 pour mettre au point ce qui s'appellera par la suite le MPLS.

Au niveau des améliorations, MPLS permet une meilleure gestion du routage, de la commutation ainsi que du transfert de paquets au travers de réseaux de nouvelle génération.

Mais ce n'est pas tout puisque le MPLS va de plus permettre de résoudre de nombreux problèmes énoncés précédemment en améliorant quatre principaux aspects:

✓ Possibilité de définir à l'avance le chemin que devront emprunter des données ou types de données transitant sur le réseau (Traffic Engineering).

✓ Facilité de création de tunnels IP et de VPN (Virtual Private Network) au niveau notamment des fournisseurs d'accès à Internet, et résolution des problèmes liés à la multiplication de ceux-ci.

✓ Indépendance des protocoles de couches 2 et 3 du modèle OSI avec le support de l'IPv6, IPv4, IPX et AppleTalk au niveau de la couche 3, et d'Ethernet, Token Ring, FDDI, ATM, Frame Relay et PPP au niveau de la couche 2.

✓ Interaction entre les protocoles de routage existants tels que OSPF (Open Shortest Path First) ou encore BGP (Border Gateway Protocol).

Principes de MPLS:

Basée sur la permutation d'étiquettes, un mécanisme de transfert simple offre des possibilités de nouveaux paradigmes de contrôle et de nouvelles applications. Au niveau d'un LSR (Label Switched Router) du nuage MPLS, la permutation d'étiquette est réalisée en analysant une étiquette entrante, qui est ensuite permutée avec l'étiquette sortante et finalement envoyée au saut suivant. Les étiquettes ne sont imposées sur les paquets qu'une seule fois en périphérie du réseau MPLS au niveau de l'Ingress LER (Label Edge Router) où un calcul est effectué sur le datagramme afin de lui affecter un label spécifique. Ce qui est important ici, est que ce calcul n'est effectué qu'une fois. La première fois que le datagramme d'un flux arrive à un Ingress LER. Ce label est supprimé à l'autre extrémité par l'Egress LER. Donc le mécanisme est le suivant: Le Ingress LER reçoit les paquets IP, réalise une classification des paquets, y assigne un label et transmet les paquets labellisés au nuage MPLS. En se basant uniquement sur les labels, les LSR du nuage MPLS commutent les paquets labellisés jusqu'à l'Egress LER qui supprime les labels et remet les paquets à leur destination final.

L'affectation des étiquettes aux paquets dépend des groupes ou des classes de flux FEC (forwarding équivalence classes). Les paquets appartenant à une même classe FEC sont traités de la même manière. Le chemin établi par MPLS appelé LSP (Label Switched Path) est emprunté par tous les datagrammes de ce flux. L'étiquette est ajoutée entre la couche 2 et l'en-tête de la couche 3. Le Switch LSR du nuage MPLS lit simplement les étiquettes, applique les services appropriés et redirige les paquets en fonction des étiquettes. Ce schéma de consultation et de transfert MPLS offre la possibilité de contrôler explicitement le routage en fonction des adresses source et destination, facilitant ainsi l'introduction de nouveaux services IP. Un flux MPLS est vu comme un flux appartenant aux niveaux 2 et 3 du modèle de l'OSI.

Commutation des Labels:

Lorsqu'un paquet arrive dans un réseau MPLS (1). En fonction de la FEC à laquelle appartient le paquet, l'ingress node consulte sa table de commutation (2) et affecte un label au paquet (3), et le transmet au LSR suivant (4).

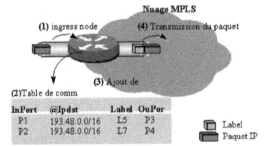

1 - Le paquet IP arrive sur l' ingress node
2 - Le protocole de routage IP détermine, à partir de l'adresse IP de l'eggress node, la FEC, le label et le port de sortie.
3 - Ajout de l'en-tête
4 - Paquet IP + Label envoyé vers le noeud suivant

Lorsque le paquet MPLS arrive sur un LSR [1] interne du nuage MPLS, le protocole de routage fonctionnant sur cet équipement détermine dans la base de données des labels LIB (Label Information Base), le prochain label à appliquer à ce paquet pour qu'il parvienne jusqu'à sa destination [2]. L'équipement procède ensuite à une mise à jour de l'en-tête MPLS (swapping du label et mise à jour du champ TTL, du bit S) [3], avant de l'envoyer au nœud suivant (LSR ou l'egress node) [4].

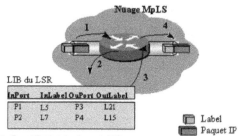

LIB du LSR

InPort	InLabel	OuPort	OutLabel
P1	L5	P3	L21
P2	L7	P4	L15

▢ Label
▢ Paquet IP

1 - Paquet IP + Label arrive sur le LSR
2 - Protocole de routage détermine, à partir de la LIB le next hop LSR ou E-LSR
3 - Mise à jour du label MPLS
4 - Paquet IP + Label envoyé vers le noeud suivant

Enfin, une fois que le paquet MPLS arrive à l'egress node [1], l'équipement lui retire toute trace MPLS [2] et le transmet à la couche réseau.

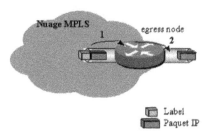

▢ Label
▢ Paquet IP

1 - Paquet IP + label arrive sur l'egress node
2 - Retrait du label et transmission du paquet IP à la couche réseau

Chapitre II: Caractéristiques et Fonctionnement de MPLS

MPLS est l'aboutissement logique de toutes les propositions qui ont été faites dans les années 1990. L'idée de l'IETF a été de proposer une norme commune pour transporter des paquets IP sur des sous-réseaux travaillant en mode commuté. Les nœuds sont des routeurs-commutateurs capables de remonter soit au niveau IP pour effectuer un routage, soit au niveau trame pour effectuer une commutation. Les caractéristiques les plus importantes de la norme MPLS sont les suivantes :

- ✓ Indépendance du niveau trame et du niveau paquet.
- ✓ Mise en relation de l'adresse IP du destinataire avec une référence d'entrée dans le réseau.
- ✓ Reconnaissance par les routeurs de bord des protocoles de routage de type OSPF et de signalisation comme RSVP ou LDP.
- ✓ Utilisation de différents types de trames.
- ✓ Possibilité de hiérarchiser les demandes.
- ✓ Encapsulation d'une référence dans la trame incluant un TTL et une qualité de service.

Le principal avantage apporté par le protocole MPLS est la possibilité de transporter les paquets IP sur plusieurs types de réseaux commutés. Il est ainsi possible de passer d'un réseau Ethernet à un réseau frame relay. En d'autres termes, il peut s'agir de n'importe quel type de trame, à partir du moment où une référence peut y être incluse.

Terminologie MPLS:

Cette section fournit une vue d'ensemble de la terminologie MPLS:

Label :

Un label est une référence placée entre les couches 2 et 3 du modèle OSI. A chaque bond le long du LSP, un label est utilisé pour chercher les informations de routage et les actions à réaliser sur le label : insérer, changer ou retirer. MPLS est caractérisée d'une étiquette de 32 bits composé de :

- ✓ 20 bits contiennent le label

- ✓ un champ de 3 bits appelé Classe of Service (CoS) ou Exp sert actuellement pour la QoS,
- ✓ un bit S (stack) pour indiquer s'il y a empilement de label (supporter un label hiérarchique)
- ✓ le TTL sur 8 bits pour limiter la durée de vie du paquet ce champs est le même que celui d'IP.

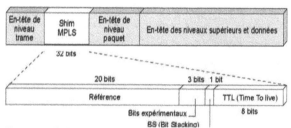

Format générique d'une référence dans MPLS

Les LSR (Label Switched Router):

Le Label Switched Router (LSR) exécute la fonction de la commutation d'étiquette; le LSR reçoit un paquet marqué et permute l'étiquette (ou label) avec une étiquette sortante et expédie le nouveau paquet marqué à l'interface appropriée. Le LSR, selon son endroit dans le réseau MPLS, exécute la disposition d'étiquette (déplacement), marque l'imposition (addition) ou marque la permutation (remplaçant l'étiquette supérieure dans une pile d'étiquette avec une nouvelle valeur sortante d'étiquette). Le LSR, selon son endroit dans le réseau MPLS, pourrait également exécuter l'imposition et la disposition de pile d'étiquette (Une pile d'étiquette ou Label Staking est un ensemble de labels transportés par un paquet qui sont empilés par les LSR. Cette possibilité d'empiler des labels, désignée sous le terme de Label Stacking, est utilisée par le Traffic Engineering). Pendant l'étiquette permutant, le LSR remplace seulement l'étiquette supérieure dans la pile d'étiquette ; les autres étiquettes dans la pile d'étiquette sont laissées intactes pendant la permutation d'étiquette et l'opération de transmission des paquets du LSR.

Les LER (Label Edge Router):

Un LER est un nœud d'accès au réseau MPLS. Un LER peut avoir des ports multiples permettant d'accéder à plusieurs réseaux distincts, chacun pouvant avoir sa propre technique de commutation. Les LER jouent un rôle important dans la mise en place des références.

Le LER d'entrée exécute les fonctions de l'imposition d'étiquette et de l'expédition d'un paquet à destination du réseau MPLS. Le LER exécute les fonctions de la disposition d'étiquette ou du déplacement et la transmission de paquet IP au destinataire. Notez que les processus d'imposition et de disposition sur un LER pourraient impliquer des piles d'étiquette contre seulement des étiquettes.

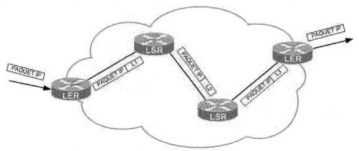

Schéma d'illustration de LER et de LSR :

Les FEC (Forwarding equivalency classes):

Dans MPLS le routage s'effectue à l'aide de classe d'équivalence appelée FEC. La Forward Equivalent Class (FEC) représente un groupe de paquet ayant les mêmes propriétés, notamment le même préfixe dans l'adresse IP. Toutes les trames d'une FEC sont traitées de la même manière dans les nœuds du réseau MPLS. Les trames sont introduites dans une FEC au nœud d'entrée. Une FEC peut être bâtie de différentes façons. Elle peut avoir une adresse de destination bien déterminée, un même préfixe d'adresse, etc. Toutes les trames d'une même FEC sont transmises sur la même interface de sortie. Chaque LSR possède une table de commutation qui indique les références associées aux FEC. Cette table est appelée Label Information Base (LIB, Base d'information sur les labels).

Le routage s'effectue, comme nous l'avons vu, par des classes d'équivalence, ou FEC (Forward Equivalent Class). Une classe représente une destination ou un ensemble de destinations ayant le même préfixe dans l'adresse IP. De ce fait, un paquet qui a une destination donnée appartient à une classe et suit une route commune avec les autres paquets de cette classe.

Cela définit un arbre, dont la racine est le destinataire. Les paquets n'ont plus qu'à suivre l'arbre jusqu'à la racine, les flots se superposant petit à petit en allant vers la racine. Cette solution permet de ne pas utiliser trop de références différentes.

La granularité des références, c'est-à-dire la taille des flots qui utilisent une même référence, résulte de la taille des classes d'équivalence : s'il y a peu de classes d'équivalence, les flots sont importants, et la granularité est forte ; s'il y a beaucoup de classes d'équivalence, les flots sont faibles, et la granularité est fine. Par exemple, une destination peut correspondre à un réseau important, dans lequel toutes les adresses ont un préfixe commun. La destination peut aussi correspondre à une application particulière sur une machine donnée, ce qui donne une forte granularité. Ce dernier cas est illustré à la figure ci-dessous dans laquelle le récepteur est la machine 4 et la FEC est déterminée par l'arbre dont les machines sont les terminales 1, 2 et 3. La classe d'équivalence, en descendant l'arbre à partir de 1, commence par les références 28 puis 47 et se continue par les branches 77 puis 13 puis 36. À partir de 2, les références 53 puis 156 sont utilisées pour aller vers la racine. À partir de 3, ce sont les références 134 et 197 qui sont utilisées.

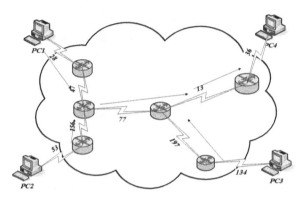

Classes d'Equivalences (FEC) dans un Réseau MPLS:

Dans cet exemple, les terminaux 1, 2 et 3 souhaitent émettre un flux de paquets IP vers la station terminale 4. Pour cela la station 1 émet ses trames (encapsulant les paquets IP) avec la référence 28, qui est commutée vers la référence 47 puis commutée vers les références 77 puis 13 puis 36. Le flot partant de la station 2 est commuté de 53 en 156 puis en 77, 13 et 36. Enfin, le troisième flot, partant de la station 3, est commuté à partir des valeurs 134 puis 197, 13 et 36. On voit que l'agrégation s'effectue sur les deux premiers flots avec la seule valeur 77 et que les trois flux sont agrégés sur les valeurs 13 et 36.

LIB (Label Information Base):

Chaque nœud MPLS capable de transférer des paquets labellisés sur le réseau MPLS détient une base des informations de labels (LIB). C'est sur cette base d'informations que les décisions concernant la transmission des paquets sont fondées.

En effet, les LIB (Label Information Base) contiennent, sous forme de table, la correspondance entre les différents FEC existant et les labels qui ont été attribués à chacun d'entre eux.

Les informations contenues dans les LIB sont créés et mises à jour, en fonction du type de matériel, soit grâce au protocole propriétaire Cisco : TDP (Tag Distribution Protocol), soit par le protocole de liaison de labels du standard de l'IETF : LDP (Label Distribution Protocol).

A partir de la table LIB et de la table de routage IP, le routeur construit une table LFIB (label Forwarding Information Base), qui sera utilisée pour commuter les paquets.

Les LSP (Label Switched Path):

Un domaine MPLS est déterminé par un ensemble de nœuds MPLS sur lesquels sont déterminés des FEC. Les LSP sont les chemins déterminés par les références positionnées par la signalisation. Un LSP est une suite de références partant de la source et allant jusqu'à la destination. Les LSP sont établis avant la transmission des données (control-driven) ou à la détection de données qui souhaitent traverser le réseau (data-driven). Dans le cas le plus classique les LSP sont déterminés sur un domaine avant l'arrivée des données. Deux options sont utilisées à cette fin:

> ***Le Routage saut par saut (hop by hop):*** Dans ce cas, les LSR sélectionnent les prochains sauts indépendamment les uns des autres. Le LSR utilise pour cela un protocole de routage comme OSPF.

> ***Le Routage Explicite:*** Dans ce cas, Les LER d'entrée du domaine MPLS définissent la liste des nœuds à suivre, Le chemin spécifié peut être non-optimal. Le long de ce chemin, les ressources peuvent être réservées pour assurer la QoS voulue au trafic.

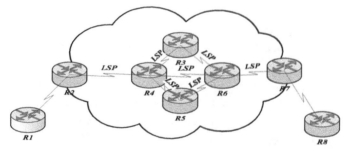

Schéma illustrant les chemins déterminés par les références positionnées (LSP):
Création des LSP à travers le réseau:

La création d'un Label Switched Path à travers le réseau est différente selon le mode de distribution de labels utilisé dans le réseau.

En mode "Unsolicited DownStream", l'Egress LER qui est le dernier routeur MPLS avant la destination annonce à ses voisins une association de label à une FEC. Chaque noeud, entre le Egress LER et le Ingress LER vont propager à leur voisins l'association qu'ils ont faites pour la même FEC. Une fois que cette annonce parvient au Ingress LER, le LSP est établi ! Equivaut au routage explicite.

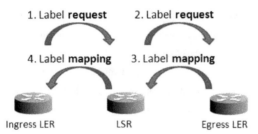

En mode "DownStream On Demand", lorsque le Ingress LER voit arrivé pour la première fois un paquet qui n'est pas associé à une FEC, il va faire une demande de Label pour cette FEC au LSR faisant office de "next-hop" pour ce paquet IP. Chaque nœud, de proche en proche, va propager cette demande jusqu'à l'Egress LER. Ce dernier va alors associer un label à la FEC et propager cette association, en sens inverse, de l'Egress LER à l'Ingress LER. Une fois que l'association FEC/label est parvenue à l'Ingress LER, le LSP est établi ! Equivaut au routage saut par saut.

Les LDP (Label Distribution Protocol):

LDP est le protocole de distribution des références qui tend à devenir le standard le plus utilisé dans MPLS. Ce protocole tient compte des adresses unicast et multicast. Le routage est explicite et est géré par les nœuds de sortie. Les échanges s'effectuent sous le protocole TCP pour assurer une qualité acceptable. Deux classes de messages sont acceptées, celle des messages adjacents et celle des messages indiquant les références. La première permet d'interroger les nœuds qui peuvent être atteints directement à partir du nœud origine. La seconde classe de messages transmet les valeurs de la référence lorsqu'il y a accord entre les nœuds adjacents.

Le protocole LDP comprend les messages suivants :

- ✓ Message de découverte (DISCOVERY MESSAGE), qui annonce et maintient la présence d'un LSR dans le réseau.
- ✓ Message de session (SESSION MESSAGE), qui établit, maintient et termine des sessions entre des ports LDP.
- ✓ Message d'avertissement (ADVERTISEMENT MESSAGE), qui crée, maintient et détruit la correspondance entre les références et les FEC.
- ✓ Message de notification (NOTIFICATION MESSAGE), qui donne des informations d'erreur ou de problème.

Les tables de commutation peuvent être construites et contrôlées de différentes façons. Les protocoles de routage d'Internet, tels que OSPF sont généralement utilisés à cet effet. Il faut leur ajouter des procédures pour faire correspondre les références et les classes d'équivalence FEC. Nous avons indiqué que la distribution des références s'effectuait par l'aval en remontant vers la station d'émission. En réalité, il est indiqué dans la norme MPLS que la distribution des références peut s'effectuer par l'aval (downstream) ou par l'amont (upstream). Dans le premier cas, le destinataire indique aux nœuds amont la valeur de la référence à mettre dans la table de commutation. Dans le second cas, le paquet arrive avec une référence, et le nœud met à jour sa table de commutation. Dans la distribution amont (upstream), un nœud aval envoie la valeur de la référence qu'il souhaite recevoir pour commuter un paquet sur une FEC. Ce sont les nœuds situés le plus en aval qui déclenchent le processus et indiquent les destinataires et leur granularité. Les modifications s'effectuent lors de la réception d'une trame ou par l'intermédiaire d'informations de supervision.

Les Méthodes de distribution d'étiquette employées dans MPLS:

Dans les réseaux IP/MPLS il existe deux modes de distribution des labels. Le premier mode de distribution est le "Unsolicited DownStream ". Voici un schéma synthétisant son fonctionnement :

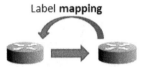

Le principe est simple, dès qu'un routeur à associé un label à une FEC, il informe tous ses voisins de cette association. Et cela de manière automatique. Ceci à pour but d'augmenter le trafic dû à la "signalisation" sur le réseau.
Le deuxième mode de distribution, qui est le plus utilisé dans les réseaux IP/MPLS, se nomme "DownStream On Demand".

Avec ce mode de distribution, le UpStream LSR demande au DownStream LSR de lui fournir le numéro de label qu'il a associé à une FEC particulière. Le UpStream LSR est le routeur qui envoit le trafic vers le DownStream LSR, ainsi lors du passage d'un paquet qui n'est pas encore associé à une FEC, le UpStream LSR va devoir demander l'association d'un label pour cette FEC au LSR suivant (le DownStream LSR sur ce schéma).C'est ce dernier mode de distribution qui est utilisé par le protocole RSVP-TE que nous verrons par la suite.

Le RSVP (Ressource Réservation Protocol):

RSVP un des plus intéressants protocoles de signalisation de nouvelle génération. Son rôle est d'avertir les nœuds intermédiaires de l'arrivée d'un flot correspondant à des qualités de service déterminées. Par lui-même, RSVP ne permet pas de lancer explicitement la réservation de ressources à la demande d'une application puis de relâcher ces ressources à la fin. La signalisation s'effectue sur un flot qui est envoyé vers un ou plusieurs récepteurs. Ce flot est identifié par une adresse IP ou un port de destination etc... RSVP est un protocole de signalisation associé à un protocole de routage de type OSPF BGP etc....

Fonctionnement de MPLS:

Le fonctionnement de MPLS implique typiquement les LSR adjacent formant une session LDP, assignant les étiquettes locales aux préfixes de destination et échangeant ces sessions établies par des étiquettes LDP.

MPLS et les Références:

Une référence en entrée permet donc de déterminer la FEC par laquelle transite le flot. Le LSR examine la référence et envoie la trame dans la direction indiquée. On voit bien ainsi le rôle capital joué par les LER, qui assignent aux flots de paquets des références qui permettent de commuter les trames sur le bon circuit virtuel. La référence n'a de signification que localement, puisqu'il y a modification de sa valeur sur la liaison suivante. Une fois le paquet classifié dans une FEC, une référence est assignée à la trame qui va le transporter. Cette référence détermine le point de sortie par le chaînage des références. Dans le cas des trames classiques, comme LAP-F du relais de trames etc...., la référence est positionnée dans le DLCI. Les références peuvent être distribuées pour :

- ➢ un routage unicast vers une destination particulière;
- ➢ une gestion du trafic, ou TE (Traffic Engineering);
- ➢ un multicast;
- ➢ un réseau privé virtuel;
- ➢ une qualité de service.

La distribution des références:

MPLS normalise plusieurs méthodes pour réaliser la distribution des références. La distribution indique que chaque nœud possède ses propres références et qu'il doit les mettre en correspondance avec les références de ses voisins. Les protocoles de routage, dont IGP (Interior Gateway Protocol), ont été améliorés pour transporter une référence supplémentaire. De même le protocole RSVP comporte une version associée à MPLS qui lui permet de transporter une référence. La version la plus aboutie est RSVP-TE (Traffic Engineering), qui permet l'ouverture de chemins en tenant compte des ressources du réseau. L'IETF a également normalisé un nouveau protocole de signalisation, LDP (Label Distribution Protocol), pour gérer la distribution des références. Des extensions de ce protocole, comme CR-LDP (Constraint-based Routing-LDP), permettent de choisir les routes suivies par les clients des FEC avec une qualité de service prédéfinie. Les principaux protocoles de signalisation sont les suivants :

> ➤ LDP, qui fait correspondre des adresses IP unicast et des références.
> ➤ RSVP-TE et CR-LDP, qui ouvrent des routes avec une qualité de service.

L'Ingénierie de Trafic:

Il est difficile de réaliser une ingénierie du trafic dans Internet du fait que le protocole BGP n'utilise que des informations de topologie du réseau. L'IETF a introduit dans l'architecture MPLS un routage à base de contrainte et un protocole de routage interne à état des liens étendu afin de réaliser une ingénierie de trafic efficace.

Comme nous l'avons vu, chaque trame encapsulant un paquet IP qui entre dans le réseau MPLS se voit ajouter par le LER d'entrée, ou Ingress LER, une référence au niveau de l'en-tête permettant d'acheminer la trame dans le réseau. Les chemins sont préalablement ouverts par un protocole de réservation de ressources, RSVP ou LDP. À la sortie du réseau, la référence ajoutée à l'en-tête de la trame est supprimée par le LER de sortie, ou Egress LER.

L'ingénierie de trafic est une des principales applications de MPLS, elle permet de repartir la charge sur l'ensemble du réseau en établissement des chemins explicitement routés et en contrôlant la répartition du trafic sur différente liaison afin d'éviter la sous-utilisation de certaine partie du réseau.

Le fonctionnement par défaut de MPLS est de construire les LSP en fonction des informations de routage égal au « plus court chemin » sélectionné par le protocole de routage IGP. Cela entraîne la plus part du temps l'apparition de liaison surchargée ou sous utilisée. MPLS/TE est utilisé pour créer des LSP qui diverge du « plus court chemin ». CR-LDP et RSVP-TE sont utilisés pour créer ces LSP. MPLS/TE support la génération automatique de LSP mais permet aussi de spécifier explicitement par ou doit passer le LSP. CR-LDP et RSVP-TE permettent en outre d'associer des caractéristiques de qualité de service aux chemins et de subordonner l'établissement des LSP à la disponibilité de ressources dans les équipements intermédiaires. MPLS/TE autorise la mise en place de fonctions évoluées de partage de charge et de routage différencié en fonction d'informations contenues dans l'en-tête du paquet ou de l'interface d'entrée. Il suffit pour cela de créer un ou plusieurs chemins concurrents pour une FEC donnée et de décider de la route empruntée en fonction d'informations complémentaires: champ dans l'en-tête IP, provenance du paquet, état d'occupation des liens, etc.

Le Traffic Engineering permet donc de mapper le flux de trafic par rapport à la topologie physique du réseau. Il fournit la capacité d'écarter le flux de trafic du « plus court chemin » calculé par l'IGP et de passer par des chemins moins utilisé. Le but du Traffic Engineering est d'équilibrer la charge du trafic sur diverse liens ou routeurs dans le réseau afin qu'aucun de ces composant ne soit sur ou sous utilisés. Cela permet donc à un ISP d'exploiter entièrement son infrastructure de réseau.

L'Algorithme CR (Constraint-Based Routing):

L'algorithme CR est appliqué lors de l'ouverture du chemin ou de sa réouverture si le chemin est dynamique.

En plus des contraintes de topologie utilisées par les algorithmes de routage classiques, l'algorithme CR calcule les routes en fonction de contraintes de bande passante ou de qualité etc.… Les chemins calculés par le protocole CR ne sont pas forcément les plus courts. En effet, le chemin le plus court peut ne pas satisfaire la capacité de bande passante demandée par le LSP. Le LSP peut donc emprunter un autre chemin, plus lent mais disposant de la capacité de bande passante demandée. De la sorte, le trafic est distribué de manière plus uniforme sur le réseau.

Le protocole de routage est nécessaire pour le transport des informations de routage. Dans le cas de l'algorithme CR, le protocole de routage doit transporter, en plus des informations de topologie, des contraintes telles que les besoins en bande passante. La propagation de ces informations se fait plus fréquemment que dans le cas d'un IGP standard, puisqu'il y a plus de facteurs susceptibles de changer. Pour ne pas surcharger le réseau, il faut toutefois veiller que la fréquence de propagation des informations ne soit pas trop importante. Un compromis doit être trouvé entre le besoin d'actualiser les informations et celui d'éviter les propagations excessives.

Le Protocole CR-LDP (Constrant-based Routing LDP):

CR-LDP est une version étendue de LDP spécialement destinée à faciliter le routage basé sur la contrainte des LSP. Tout comme, LDP, CR-LDP utilise des sessions TCP entre les LSR, au cours desquelles il envoie les messages de distribution des étiquettes. Ceci permet en particulier à CR-LDP d'assurer une distribution fiable des messages de contrôle.

Les échanges d'informations nécessaires à l'établissement des LSP utilisant CR-LDP sont décrits dans la figure suivante

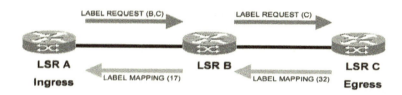

Procédure d'établissement des LSP avec CR-LDP.

> Le LSR d'entrée (LSR A) détermine qu'il est nécessaire d'établir un nouveau LSP jusqu'au LSR C. Les paramètres et critères de trafic requis pour la session permettent au LSR A de déterminer que la route pour le nouveau LSP doit passer par le LSR B, puis aller vers le LSR C. Le LSR A construit alors un message LABEL_REQUEST contenant une route explicite (B, C) et les détails des paramètres de trafic demandés pour la nouvelle route. Le LSR A réserve les ressources dont il a besoin pour le nouveau LSP, et envoie le message LABEL_REQUEST constitué vers le LSR B en utilisant une session TCP.

> Le LSR B reçoit le message LABEL_REQUEST, détermine qu'il ne doit pas être considéré comme le LSR de sortie vis-à-vis de ce LSP, et qu'il doit donc envoyer le message sur la route spécifiée. Le LSR B réserve alors les ressources nécessaires pour le nouveau LSP, modifie la route explicite dans le message LABEL_REQUEST, et envoie le message au LSR C. Il faut noter que si les paramètres de trafic étaient marqués comme étant négociables dans le message LABEL_REQUEST, le LSR B pourrait alors réduire la réservation des ressources allouées au nouveau LSP.

> Le LSR C reçoit à son tour le message LABEL_REQUEST, et détermine qu'il est bien le LSR de sortie pour ce nouveau LSP. Il effectue alors les dernières

négociations de ressources puis les alloue au LSP. Le LSR C attribue ensuite une étiquette au nouveau LSP et distribue cette étiquette au LSR B dans un message LABEL_MAPPING, qui contient les détails des paramètres finaux du trafic réservé pour le LSP.

> Le LSR B reçoit le message LABEL_MAPPING et le fait correspondre à la demande originale en utilisant l'identité du LSP contenue à la fois dans les messages LABEL_REQUEST et LABEL_MAPPING. Le LSR B finalise les réservations de ressources, attribue une étiquette au LSP, configure sa table de routage, et envoie la nouvelle étiquette au LSR A dans un message LABEL_MAPPING.

Le Protocole RSVP-TE (RSVP-Traffic Engineering):

Le protocole RSVP utilisait initialement un échange de message pour réserver les ressources des flux IP à travers un réseau. Une version étendue de ce protocole, pour permet les tunnels de LSP, autorise actuellement RSVP à être utilisé pour distribuer des étiquettes MPLS.

RSVP-TE est un protocole, qui utilise des datagrammes IP (ou UDP (*User Datagram Protocol*) aux limites du réseau) pour communiquer entre LSR. RSVP-TE ne requiert pas la maintenance nécessaire aux connexions TCP, mais doit néanmoins être capable de faire face à la perte de messages de contrôle.

Les échanges d'informations nécessaires à l'établissement de LSP permettant les tunnels de LSP et utilisant RSVP sont décrits dans la figure suivante.

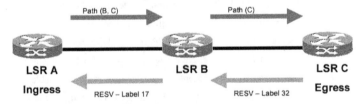

Procédure d'établissement des LSP avec RSVP-TE:

> Le LSR d'entrée (LSR A) détermine qu'il est nécessaire d'établir un nouveau LSP jusqu'au LSR C. Les paramètres et critères de trafic requis pour la session

permettent au LSR A de déterminer que la route pour le nouveau LSP doit passer par le LSR B, puis aller vers le LSR C. Le LSR A construit alors un message de chemin (*Path message*) contenant une route explicite (B, C) et les détails des paramètres de trafic demandés pour la nouvelle route. Le LSR A envoie le message de chemin comme datagramme IP vers le LSR B.

➢ Le LSR B reçoit le message de chemin, détermine qu'il ne doit pas être considéré comme le LSR de sortie vis-à-vis de ce LSP, et qu'il doit donc envoyer le message sur la route spécifiée. Le LSR B modifie alors la route explicite dans le message de chemin, et envoie le message au LSR C.

➢ Le LSR C reçoit à son tour le message de chemin, et détermine qu'il est bien le LSR de sortie pour ce nouveau LSP. En fonction des paramètres de trafic demandés, le LSR C détermine la bande passante nécessaire pour réserver et allouer les ressources. Le LSR C attribue ensuite une étiquette au nouveau LSP et distribue cette étiquette au LSR B dans un message Resv, qui contient les détails de la réservation des ressources pour le LSP.

➢ Le LSR B reçoit le message Resv et le fait correspondre à la demande originale en utilisant l'identité du LSP contenue à la fois dans les messages de chemin (Path message) et Resv. A partir des détails du message Resv, le LSR B détermine quelles ressources doivent être réservées, attribue une étiquette au LSP, configure sa table de routage, et envoie la nouvelle étiquette au LSR A dans un message Resv.

➢ Le processus est le même au niveau du LSR A, mais celui-ci n'a pas à attribuer une nouvelle étiquette et à la propager vers les LSR amonts, puisqu'il est le LSR d'entrée pour ce nouveau LSP. Un LSP, appelé CR-LSP (*Constrained Route – Label Switched Path*) est alors établit entre le LSR d'entrée et celui de sortie.

Etapes de Conception d'un Système MPLS:

✓ **Définition des routeurs membres du système MPLS.** Il s'agit de définir les LSR d'entrée, de transit et de sortie du système MPLS. Pour diverses raisons, ce dernier ne contient pas nécessairement tous les routeurs du réseau, notamment si un routeur n'est pas assez puissant ou s'il n'est pas sécurisé.

✓ **Définition de la hiérarchie du système MPLS.** Deux cas sont possibles : connecter tous les LSR du système MPLS et créer un seul niveau de hiérarchie formant un grand système MPLS ou diviser le réseau en plusieurs niveaux de hiérarchie. Dans ce dernier cas, les LSR de premier et deuxième niveau de la hiérarchie, qui forment le cœur du réseau, sont fortement maillés.

✓ **Définition des besoins en bande passante des LSP.** Les besoins en bande passante peuvent être définis par la matrice de trafic de bout en bout, qui n'est pas toujours disponible, ou par un calcul statistique fondé sur l'exploitation des LSP et la mise à jour régulière de cette information en observant constamment leur trafic.

✓ **Définition des chemins des LSP.** Les chemins sont généralement calculés de manière dynamique par un CR.

✓ **Définition des priorités des LSP.** On peut attribuer la plus haute priorité à des LSP devant écouler un trafic volumineux. Cela permet d'emprunter les chemins les plus courts et d'éviter de surcharger un grand nombre de liens dans le réseau, tout en offrant une stabilité du routage et une meilleure utilisation des ressources.

✓ **Définition du nombre de chemins parallèles entre deux extrémités quelconques.** On peut configurer plusieurs chemins en parallèle ayant des routes physiquement différentes. Cela garantit une distribution de la charge du trafic plus uniforme. L'idée sous-jacente est de définir des LSP de petite taille en vue d'une meilleure flexibilité du routage. Cette flexibilité est la première motivation des LSP parallèles.

La Qualité de Service:

Nous venons de voir que MPLS permettait de faire de l'ingénierie et d'effectuer des calculs pour déterminer les ressources à affecter à un chemin lorsque le système est relativement statique. Si le système est dynamique, des chemins doivent s'ouvrir et se fermer pour satisfaire à des contraintes qui s'expriment sur des laps de temps plus courts.

Par défaut, un réseau IP se contente d'acheminer les paquets au mieux de ses possibilités, et sans distinction. Tant que la bande passante (c'est-à-dire le débit) est suffisante, il n'y a pas de problème. Mais, en cas de saturation, les routeurs sont obligés de rejeter des paquets, invitant tous les émetteurs à réduire leur flux. En conséquence, l'utilisateur constate une dégradation des performances du réseau.

La notion de qualité de service (QoS, *Quality of Service*) introduit la possibilité de partager le plus équitablement possible une ressource devenant de plus en plus rare, car partagée par un grand nombre de flux applicatifs qui peuvent interférer les uns avec les autres. Elle introduit également la possibilité de déterminer différents niveaux de service en fonction de la nature de ce flux (un transfert de fichier, etc.).

Deux types d'architectures sont étudiées pour définir la QoS IP:

Integrated Services (IntServ)

Differential Services (DiffServ)

IntServ: Le modèle IntServ [RFC1633] définit une architecture capable de prendre en charge la QoS en définissant des mécanismes de contrôle complémentaires sans toucher au fonctionnement IP. C'est un modèle basé sur le protocole de signalisation RSVP [RFC2205].

IntServ suppose que pour chaque flux demandant de la QoS, les ressources nécessaires sont réservées à chaque bond entre l'émetteur et le récepteur. IntServ requiert une signalisation de bout en bout, assurée par RSVP, et doit maintenir l'état de chaque flux. IntServ permet donc une forte granularité de QoS par flux et pour cette raison, est plutôt destiné à être implémenté à l'accès. IntServ définit deux classes de services:

Guaranteed: garantie de bande passante, délai et pas de perte de trafic

Controlled Load: fournit différents niveaux de services en best effort

DiffServ: Quant à lui, est davantage destiné à être appliqué en cœur de réseau opérateur. Les différents flux, classifiés selon des règles prédéfinies, sont agrégés selon un nombre limité de classes de services, ce qui permet de minimiser la signalisation. DiffServ ne peut pas offrir de QoS de bout en bout et a un comportement " Hop By Hop ". DiffServ définit deux classifications de service (Expedited, Assured) qui peuvent être dépendant aux classifications de service IntServ (Guaranteed, Controlled Load).

L'avantage de ce modèle est d'une part, sa proximité avec IP, ce qui permet une implantation aisée, et d'autre part ses capacités d'évolution face à l'introduction de nouveaux services.

<u>*Chapitre IV: Intégration des VPN sur MPLS:*</u>

Actuellement, il est très courant qu'une entreprise soit constituée de plusieurs sites géographiques (parfois très éloignés) et dont elle souhaite interconnecter les réseaux informatiques à travers un WAN (Wide Area Network). La solution la plus connue et la plus employée consiste à relier les sites au moyen de liaisons spécialisées, dédiées à l'entreprise. Toutefois, le coût prohibitif de ces liaisons, et éventuellement la non aisance technique, par exemple avec des sites séparés de plusieurs centaines de km, amènent à rechercher des solutions plus abordables. Les fournisseurs d'accès Internet disposent de backbones étendus, et couvrant la plupart du temps une large portion de territoire. Il est donc plus simple pour une entreprise de relier ses sites aux points de l'opérateur en mettant en place une solution VPN (Virtual Private Networks).

MPLS/VPN fournit une méthode de raccordement de sites appartenant à un ou plusieurs VPN, avec possibilité de recouvrement des plans d'adressage IP pour des VPN différents. En effet, l'adressage IP privé (voir RFC 1918) est très employé aujourd'hui, et rien ne s'oppose à ce que plusieurs entreprises utilisent les mêmes plages d'adresses (par exemple 10.0.0.0/24). MPLS/VPN permet d'isoler le trafic entre sites n'appartenant pas au même VPN, et en étant totalement transparent pour ces sites entre eux. Dans l'optique MPLS/VPN, un VPN est un ensemble de sites placés sous la même autorité administrative, ou groupés suivant un intérêt particulier.

Le domaine VPN MPLS, comme le VPN traditionnel, comprend le réseau du client et celui du fournisseur d'accès. Cependant, au lieu de déployer un routeur PE dédié par client, le trafic du client est isolé sur le même routeur PE qui fournit la connectivité dans le réseau du fournisseur de service pour les clients multiples. Les principaux composants de l'architecture d'un VPN basé sur MPLS sont:

> ➤ P (Provider) : Ces routeurs, composant le cœur du backbone MPLS, n'ont aucune connaissance de la notion de VPN. Ils se contentent d'acheminer les données grâce à la commutation de labels.

> ➤ PE (Provider Edge) : Ces routeurs sont situés à la frontière du backbone MPLS et ont par définition une ou plusieurs interfaces reliées à des routeurs clients.

➢ CE (Customer Edge) : Ces routeurs appartiennent au client et n'ont aucune connaissance des VPN ou même de la notion de label. Tout routeur « traditionnel » peut être un routeur CE, quelle que soit son type ou la version d'IOS utilisée.

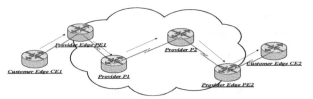

Le schéma ci-dessus montre l'emplacement de ces routeurs dans une architecture MPLS :

L'isolement de client est réalisé sur le routeur PE par l'utilisation de tables de routage virtuelles, également appelée VRF. Essentiellement, cela revient à maintenir les multiples routeurs consacrés aux clients se reliant au réseau du fournisseur. La fonction d'une VRF est semblable à une table de routage globale, sauf qu'elle contient tous les itinéraires concernant un VPN spécifique par rapport à la table de routage globale. Le VRF définit les contextes de protocole de routage qui font partie d'un VPN spécifique aussi bien que les interfaces sur le routeur local PE qui font partie d'un VPN spécifique et, par conséquent, emploient la VRF.

RD (Route Distinguisher): Le RD crée des tables de routage et de transmission. Le RD est ajouté au début des en-têtes IPv4 du client pour les convertir en préfixes globalement uniques VPNv4

RT (Route Target): Configurer l'importation et l'exportation des stratégies: Configurent l'importation et l'exportation de stratégies pour les communautés BGP.

Remarque: L'avantage des VPN dans MPLS est la possibilité du partage des PE entre plusieurs clients VPN en' isolant le trafic entre sites n'appartenant pas au même VPN. Cela nous permet de ne pas déployer un routeur par client et facilite ainsi l'augmentation de ceci.

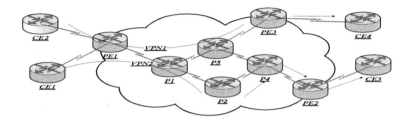

**Partage de plusieurs clients VPN sur un seul Provider Edge:**

Chapitre V : Configuration de MPLS

Configuration de Base:

- ➤ _**Router (config)# ip cef [distibuted]**_ _:_ Activer la commutation d'étiquette (CEF : Cisco Express Forwarding) notons qu'il est nécessaire d'activer CEF pour permettre la commutation d'étiquette. La commande est lancée en mode de configuration global. pour désactiver la commutation cef on ajoute l'option _no_. L'option distributed est utilisée pour activer la distribution d'étiquette.

- ➤ _**Router (config)# mpls label protocol {ldp | tdp}**_ _:_ Activer le protocole de distribution d'étiquette LDP réalisable en mode de configuration global et d'interface, cependant la commande de configuration d'interface est prioritaire a celle de la configuration global.

- ➤ _**Router (config-if)# mpls ip**_ _:_ Activer MPLS sur les interfaces: Utilisée en mode de configuration d'interface.

Configuration de base de l'ingénierie de trafic:

- ➤ _**Router (config)# mpls traffic-eng tunnels**_ _:_ Activer l'ingénierie de trafic sur le mécanisme MPLS.

- ➤ _**Router (config-if)# mpls traffic-eng tunnels**_ _:_ Permet d'autoriser le passage de tunnel LSP à travers cette interface.

- ➤ _**Router (config)# interface tunnel 1**_ : Création d'un tunnel pour l'ingénierie de trafic.

- ➤ _**Router (config-if)# tunnel destination @IP**_ _:_ Spécifie la destination du tunnel.

- ➤ _**Router (config-if)# tunnel mode mpls traffic-eng**_ _:_ Active le mode d'encapsulation de tunnel à l'ingénierie de trafic MPLS.

- ➤ _**Router (config-if) # tunnel mpls traffic-eng autoroute announce:**_ Fait que IGP utilise le tunnel pour améliorer son Calcul.

- ➤ _**Router (config-if)#tunnel mpls traffic-eng bandwidth 6200:**_ Configure la bande passante pour l'ingénierie de trafic MPLS.

- ➤ _**Router (config-if)# tunnel mpls traffic-eng path-option 1 explicite name (nom du chemin explicite)**_ _:_ Définir le nom du chemin explicite. (à effectuer pour l'établissement explicite des chemins).

- ➤ *Router (config-if)# tunnel mpls traffic-eng path-option 1 dynamic :* Définir un établissement de chemin dynamique.
- ➤ *Router (config-if)#exit :* Quitter la configuration du tunnel.

Commande à effectuer lorsque les chemins sont établis explicitement:

- ➤ *Router (config)#ip explicite-path name {Nom du chemin explicite} :* Définir les Routeurs par lesquels le tunnel passe.
- ➤ *Router (cfg-ip-expl-path)#next-address 192.168.1.2*
- ➤ *Router (cfg-ip-expl-path)#next-address 192.168.1.3*
- ➤ *Router (cfg-ip-expl-path)#next-address 192.168.1.5 :* Implique que le tunnel passe par les routeurs dont les adresses sont 192.168.1.2, 192.168.1.3 et 192.168.1.5.

Configuration du routage OSPF:

- ➤ *Router (config)# router ospf {N° de système autonome}:* Configuration du protocole de routage OSPF.
- ➤ *Router (config-router)# mpls traffic-eng router-id ethernet 1/0 :* Spécifie que l'identificateur du routeur d'ingénierie de trafic pour le nœud est l'adresse IP lié a l'interface donnée.
- ➤ *Router (config-router)# mpls traffic-eng area 1 :* Configure un routeur exécutant OSPF MPLS de sorte qu'il envahit l'ingénierie de trafic pour la zone d'OSPF indiquée.
- ➤ *Router (config-router)#network 10.0.0.0 0.255.255.255 area 1 :* Définir un réseau pour le routage.
- ➤ *Router (config-router)#exit :* Quitter la configuration du routage MPLS.

Configuration du VRF pour la création des VPN:

- ➤ *Router (config)# ip vrf {Nom du vrf} :* Entrer dans le mode de configuration vrf et définit l'exemple de configuration de VPN en assignant un nom au vrf.
- ➤ *Router (config-vrf)# rd 1:100 :* Création des tables de routage et d'expédition.
- ➤ *Router (config-vrf)# route-target {import |export} 1:100 :* Crée une liste d'identité de cible d'importation/d'exportation pour le vrf spécifique.

➤ *Router (config-if)# ip vrf forwarding {Nom du vrf}:* Associer un vrf à une interface.

Configuration de base du routage BGP :

➤ *Router (coonfig)# router bgp {N° du système autonome} :* Configuration du processus de routage BGP.

➤ *Router (config-router)#neighbor {@IP} remote-as {N° du système autonome}:* Spécifier le voisin IP ou BGP égal au groupe identifié dans le système autonome (L'adresse est celle de l'autre PE).

➤ *Router (config-router)# neighbor {@IP} activate:* Lancer la publication de la famille d'adresse IPV4.

Configuration de l' "address-familiy" BGP VPNv4:

➤ *Router (config-router)#address-family vpnv4 :* Définit les paramètres de VPN pour l'échange de VPNv4.

➤ *Router (config-router-af)#neighbor {@IP} activate*

Configuration de BGP par VRF IPv4 (Contexte de routage) :

➤ *Router (config-router)#address-family ipv4 vrf {Nom vrf}:* Définir des parameters BGP pour le PE à la session de routage PE-CE.

➤ *Router (config-router-af)#neighbor {@IP} remote-as {N° du système autonome}:* Définit une session BGP entre PE et CE.

➤ *Router (config-router-af)#neighbor {@IP} activate*

Configuration du routage RIP entre PE et CE :

➤ *Router (config)#router RIP*

➤ *Router (config-router)#address-family ipv4 vrf {Nom du vrf}:* Définir des parametres RIP pour le PE à la session de routage CE.

➤ *Router (config-router-af)#network @reseaux :* Ces trois sont utilisées pour le routage RIP entre le PE et le CE effectuer sous le PE.

Configuration d'un routage statique entre PE et CE :

➤ *Router (config)#ip route vrf {Nom du vrf} {@Réseau de destination} {Masque du Réseau destinataire} {@ de l'interface du routeur vis-à-vis}:* Définit des paramètres statiques pour chaque session.

Partie II: Etude Pratique

Chapitre I: Equipements utilisés

Pour la réalisation pratique de ce projet j'ai utilisé un simulateur réseau appelé GNS3 sous Windows. GNS3 est un simulateur possédant les gammes de routeur de 1700 à 7200, des commutateurs Ethernet ATM et Frame relay, un nuage, deux firewalls (ASA et PIX), un routeur jeniper, un pont ATM et IDS. Les liaisons du GNS sont GigaEthernet, ATM, Manual, FastEthernet, Ethernet et Série. Pour la configuration d'un routeur l'accès se fait par le port console.

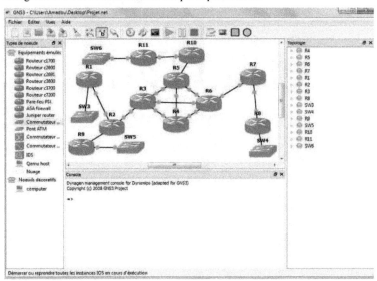

Notons que pour l'utilisation d'un routeur il faut télécharger un IOS. Ces IOS sont téléchargeables avec un logiciel tel qu'IOSHUNTER. Pour configurer MPLS j'ai utilisé le Routeur 7200 avec un IOS de Version 12.2.

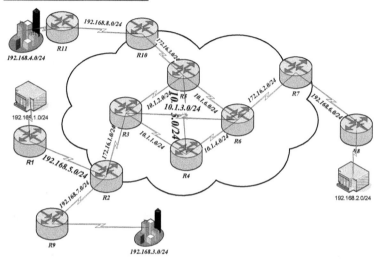

Pour l'implémentation de MPLS j'ai utilisé 11 Routeurs R1, R2, R3,…R11. La configuration de MPLS se ferra sur les routeurs R2, R3,….R10. Pour les routeurs R1, R8, R9 et R11 la configuration est faite sans activer MPLS.

Routeurs	Interfaces					Protocol de
	S1/0	S1/1	S1/2	S1/3	E2/0	routage
R1	192.168.5.1				192.168.1.1	RIPv2
R2	192.168.5.2	172.16.1.1	192.168.7.1			OSPF, BGP et RIPv2
R3	172.16.1.2	10.1.1.1	10.1.2.1	10.1.3.1		OSPF
R4	10.1.1.2	10.1.5.1	10.1.4.1			OSPF
R5	10.1.5.2	10.1.2.2	10.1.6.1	172.16.3.1		OSPF
R6	10.1.6.2	10.1.4.2	172.16.2.1	10.1.3.2		OSPF
R7	172.16.2.2	192.168.6.1				OSPF, BGP et RIPv2
R8	192.168.6.2				192.168.2.1	RIPv2
R9	192.168.7.2				192.168.3.1	RIPv2
R10	172.16.3.2	192.168.8.1				OSPF, BGP et RIPv2
R11	192.168.8.2				192.168.4.1	RIPv2

Tableau récapitulant l'adressage des interfaces

II.1 Configuration basique

II.1.1 Configuration Côté client:

Configuration de R1:

Router>enable

Router#configure terminal

Router(config)#hostname R1

R1(config)#interface Serial 1/0

R1(config-if)#ip address 192.168.5.1 255.255.255.0

R1(config-if)#no shutdown

R1(config-if)#exit

R1(config)#interface Ethernet 2/0

R1(config-if)#ip address 192.168.1.1 255.255.255.0

R1(config-if)#no shutdown

R1(config-if)#exit

R1(config)#router rip

R1(config)#version 2

R1(config)#network 192.168.1.0

R1(config)#network 192.168.5.0

R1(config)#exit

R1#

Configuration de R8:

Router>enable

Router#configure terminal

Router(config)#hostname R8

R8(config)#interface Serial 1/0

R8(config-if)#ip address 192.168.6.2 255.255.255.0

R8(config-if)#no shutdown

R8(config-if)#exit

R8(config)#interface Ethernet 2/0

R8(config-if)#ip address 192.168.2.1 255.255.255.0

R8(config-if)#no shutdown

R8(config-if)#exit

R8(config)#router rip

R8(config)#version 2

R8(config)#network 192.168.2.0

R8(config)#network 192.168.6.0

R8(config)#exit

R8#

Configuration de R9:

Router>enable

Router#configure terminal

Router(config)#hostname R9

R9(config)#interface Serial 1/0

R9(config-if)#ip address 192.168.7.2 255.255.255.0

R9(config-if)#no shutdown

R9(config-if)#exit

R9(config)#interface Ethernet 2/0

R9(config-if)#ip address 192.168.3.1 255.255.255.0

R9(config-if)#no shutdown

R9(config-if)#exit

R9(config)#router rip

R9(config)#version 2

R9(config)#network 192.168.3.0

R9(config)#network 192.168.7.0

R9(config)#exit

R9#

Configuration de R11:

Router>enable

Router#configure terminal

Router(config)#hostname R11

R11(config)#interface Serial 1/0

R11(config-if)#ip address 192.168.8.2 255.255.255.0

R11(config-if)#no shutdown

R11(config-if)#exit

R11(config)#interface Ethernet 2/0

R11(config-if)#ip address 192.168.4.1 255.255.255.0

R11(config-if)#no shutdown

R11(config-if)#exit

R11(config)#router rip

R11(config)#version 2

R11(config)#network 192.168.4.0

R11(config)#network 192.168.8.0

R11(config)#exit

R11#

II.1.2 Configuration côté operateur:

II.1.2.1 Configuration des routeurs d'accès (LER):

Configuration de R2:

Router>enable

Router#configure terminal

Router(config)#hostname R2

R2(config)#ip cef

R2(config)#mpls label protocol ldp

R2(config)#interface Serial 1/0

R2(config-if)#ip address 192.168.5.2 255.255.255.0

R2(config-if)#no shutdown

R2(config-if)#exit

R2(config)#interface Serial 1/1

R2(config-if)#mpls ip

R2(config-if)#ip address 172.16.1.1 255.255.255.0

R2(config-if)#no shutdown

R2(config-if)#exit

R2(config)#interface Serial 1/2

R2(config-if)#ip address 192.168.7.1 255.255.255.0

R2(config-if)#no shutdown

R2(config-if)#exit

R2(config)#router ospf 1

R2(config-router)#redistribute rip

R2(config-router)#network 192.168.5.0 0.0.0.255 area 1

R2(config-router)#network 172.16.1.0 0.0.0.255 area 1

R2(config-router)#network 192.168.7.0 0.0.0.255 area 1

R2(config-router)#exit

R2(config)#router rip

R2(config-router)#version 2

R2(config-router)#network 192.168.5.0

R2(config-router)#network 192.168.7.0

R2(config-router)#network 172.16.1.0

R2(config-router)#redistribute ospf 1

R2(config-router)#exit

R2(config)#exit

R2#

Configuration de R7:

Router>enable

Router#configure terminal

Router(config)#hostname R7

R7(config)#ip cef

R7(config)#mpls label protocol ldp

R7(config)#interface Serial 1/0

R7(config-if)#mpls ip

R7(config-if)#ip address 172.16.2.2 255.255.255.0

R7(config-if)#no shutdown

R7(config-if)#exit

R7(config)#interface Serial 1/1

R7(config-if)#ip address 192.168.6.1 255.255.255.0

R7(config-if)#no shutdown

R7(config-if)#exit

R7(config)#router ospf 1

R7(config-router) #network 172.16.2.0 0.0.0.255 area 1

R7(config-router) #network 192.168.6.0 0.0.0.255 area 1

R7(config-router) #redistribute rip

R7(config-router) #exit

R7(config)#router rip

R7(config-router) #version 2

R7(config-router) #network 192.168.6.0

R7(config-router) #network 172.16.2.0

R7(config-router) #redistribute ospf 1

R7(config-router) #exit

R7(config)#exit

R7#

Configuration de R10:

Router>enable

Router#configure terminal

Router(config)#hostname R10

R10(config)#ip cef

R10(config)#mpls label protocol ldp

R10(config)#interface Serial 1/0

R10(config-if)#mpls ip

R10(config-if)#ip address 172.16.3.2 255.255.255.0

R10(config-if)#no shutdown

R10(config-if)#exit

R10(config)#interface Serial 1/1

R10(config-if)#ip address 192.168.8.1 255.255.255.0

R10(config-if)#no shutdown

R10(config-if)#exit

R10(config)#router ospf 1

R10(config-router) #redistribute rip

R10(config-router) #network 172.16.3.0 0.0.0.255 area 1

R10(config-router) #network 192.168.8.0 0.0.0.255 area 1

R10(config-router) #exit

R10(config)#router rip

R10(config-router) #version 2

R10(config-router) #network 192.168.8.0

R10(config-router) #network 172.16.3.0

R10(config-router) #redistribute ospf 1

R10(config)#exit

II.1.2.2 Configuration du cœur de MPLS (LSR):

Configuration de R3:

Router>enable

Router#configure terminal

Router(config)#hostname R3

R3(config)#ip cef

R3(config)#mpls label protocol ldp

R3(config)#interface Serial 1/0

R3(config-if)#mpls ip

R3(config-if)#ip address 172.16.1.2 255.255.255.0

R3(config-if)#no shutdown

R3(config-if)#exit

R3(config)#interface Serial 1/1

R3(config-if)#mpls ip

R3(config-if)#ip address 10.1.1.1 255.255.255.0

R3(config-if)#no shutdown

R3(config-if)#exit

R3(config)#interface Serial 1/2

R3(config-if)#mpls ip

R3(config-if)#ip address 10.1.2.1 255.255.255.0

R3(config-if)#no shut

R3(config-if)#exit

R3(config)#interface Serial 1/3

R3(config-if)#mpls ip

R3(config-if)#ip address 10.1.3.1 255.255.255.0

R3(config-if)#no shutdown

R3(config-if)#exit

R3(config)#router ospf 1

R3(config-router)#network 172.16.1.0 0.0.0.255 area 1

R3(config-router)#network 10.1.1.0 0.0.0.255 area 1

R3(config-router)#network 10.1.2.0 0.0.0.255 area 1

R3(config-router)#network 10.1.3.0 0.0.0.255 area 1

R3(config-router)#exit

R3(config)#exit

R3#

Configuration de R4:

Router>enable

Router#configure terminal

Router(config)#hostname R4

R4(config)#ip cef

R4(config)#mpls label protocol ldp

R4(config)#interface Serial 1/0

R4(config-if)#mpls ip

R4(config-if)#ip address 10.1.1.2 255.255.255.0

R4(config-if)#no shutdown

R4(config-if)#exit

R4(config)#interface Serial 1/1

R4(config-if)#mpls ip

R4(config-if)#ip address 10.1.5.1 255.255.255.0

R4(config-if)#no shutdown

R4(config-if)#exit

R4(config)#interface Serial 1/2

R4(config-if)#mpls ip

R4(config-if)#ip address 10.1.4.1 255.255.255.0

R4(config-if)#no shutdown

R4(config-if)#exit

R4(config)#router ospf 1

R4(config-router)#network 10.1.1.0 0.0.0.255 area 1

R4(config-router)#network 10.1.4.0 0.0.0.255 area 1

R4(config-router)#network 10.1.5.0 0.0.0.255 area 1

R4(config-router)#exit

R4(config)#exit

R4#

Configuration de R5:

Router>enable

Router#configure terminal

Router(config)#hostname R5

R5(config)#ip cef

R5(config)#mpls label protocol ldp

R5(config)#interface Serial 1/0

R5(config-if)#mpls ip

R5(config-if)#ip address 10.1.5.2 255.255.255.0

R5(config-if)#no shutdown

R5(config-if)#exit

R5(config)#interface Serial 1/1

R5(config-if)#mpls ip

R5(config-if)#ip address 10.1.2.2 255.255.255.0

R5(config-if)#no shutdown

R5(config-if)#exit

R5(config)#interface Serial 1/2

R5(config-if)#mpls ip

R5(config-if)#ip address 10.1.6.1 255.255.255.0

R5(config-if)#no shutdown

R5(config-if)#exit

R5(config)#interface Serial 1/3

R5(config-if)#mpls ip

R5(config-if)#ip address 172.16.3.1 255.255.255.0

R5(config-if)#no shutdown

R5(config-if)#exit

R5(config)#router ospf 1

R5(config-router)#network 10.1.2.0 0.0.0.255 area 1

R5(config-router)#network 10.1.5.0 0.0.0.255 area 1

R5(config-router)#network 10.1.6.0 0.0.0.255 area 1

R5(config-router)#network 17216.3.0 0.0.0.255 area 1

R5(config-router)#exit

R5(config)#exit

R5#

Configuration de R6:

Router>enable

Router#configure terminal

Router(config)#hostname R6

R6(config)#ip cef

R6(config)#mpls label protocol ldp

R6(config)#interface Serial 1/0

R6(config-if)#mpls ip

R6(config-if)#ip address 10.1.6.2 255.255.255.0

R6(config-if)#no shutdown

R6(config-if)#exit

R6(config)#interface Serial 1/1

R6(config-if)#mpls ip

R6(config-if)#ip address 10.1.4.2 255.255.255.0

R6(config-if)#no shutdown

R6(config-if)#exit

R6(config)#interface Serial 1/2

R6(config-if)#mpls ip

R6(config-if)#ip address 172.16.2.1 255.255.255.0

R6(config-if)#no shutdown

R6(config-if)#exit

R6(config)#interface Serial 1/3

R6(config-if)#mpls ip

R6(config-if)#ip address 10.1.3.2 255.255.255.0

R6(config-if)#no shutdown

R6(config-if)#exit

R6(config)#router ospf 1

R6(config-router)#network 10.1.3.0 0.0.0.255 area 1

R6(config-router)#network 10.1.4.0 0.0.0.255 area 1

R6(config-router)#network 10.1.6.0 0.0.0.255 area 1

R6(config-router)#network 172.16.2.0 0.0.0.255 area 1

R6(config-router)#exit

R6(config)#exit

R6#

II.2 Configuration de VPN

Nous allons effectuer la configuration de deux clients VPN connectés sur le même PE et désirant accéder a leurs Sites. Pour nommer les VPN on utilise les noms suivant : CFT entre (R1-R8) et RSI entre (R9-R11).

Configuration de R2:

R2(config)#

R2(config)#ip vrf CFT

R2(config-vrf)#rd 1:100

R2(config-vrf)#route-target import 1:100

R2(config-vrf)#route-target export 1:100

R2(config-vrf)#exit

R2(config)#ip vrf RSI

R2(config-vrf)#rd 2:100

R2(config-vrf)#route-target import 2:100

R2(config-vrf)#route-target export 2:100

```
R2(config-vrf)#exit
R2(config)#interface Serial 1/0
R2(config-if)#ip vrf forwarding CFT
R2(config-if)#exit
R2(config)#interface Serial 1/2
R2(config-if)#ip vrf forwarding RSI
R2(config-if)#exit
R2(config)#router rip
R2(config-router)#address-family ipv4 vrf CFT
R2(config-router)#address-family ipv4 vrf RSI
R2(config-router)#exit
R2(config)#router bgp 1
R2(config-router)#neighbor 172.16.2.2 remote-as 1
R2(config-router)#neighbor 172.16.3.2 remote-as 1
R2(config-router)#address-family vpnv4
R2(config-router-af)#neighbor 172.16.2.2 activate
R2(config-router-af)#neighbor 172.16.3.2 activate
R2(config-router-af)#exit
R2(config-router)#address-family ipv4 vrf  CFT
R2(config-router-af)#neighbor 172.16.2.2 remote-as 1
R2(config-router-af)#neighbor 172.16.2.2 activate
R2(config-router-af)#exit
R2(config-router)#exit
R2(config-router)#address-family ipv4 vrf  RSI
R2(config-router-af)#neighbor 172.16.3.2 remote-as 1
R2(config-router-af)#neighbor 172.16.3.2 activate
R2(config-router-af)#exit
R2(config-router)#redistribute rip
R2(config-router)#redistribute ospf 1
R2(config-router)#exit
```

R2(config)#exit

R2#

Configuration de R7:

R7(config)#

R7(config)#ip vrf cft

R7(config-vrf)#rd 1:100

R7(config-vrf)#route-target import 1:100

R7(config-vrf)#route-target export 1:100

R7(config-vrf)#exit

R7(config)#interface Serial 1/1

R7(config-if)#ip vrf forwarding CFT

R7(config-if)#exit

R7(config)#router rip

R7(config-router)#address-family ipv4 vrf CFT

R7(config-router)#exit

R7(config)#router bgp 1

R7(config-router)#neighbor 172.16.1.1 remote-as 1

R7(config-router)#address-family vpnv4

R7(config-router-af)#neighbor 172.16.1.1 activate

R7(config-router-af)#exit

R7(config-router)#address-family ipv4 vrf CFT

R7(config-router-af)#neighbor 172.16.1.1 remote-as 1

R7(config-router-af)#neighbor 172.16.1.1 activate

R7(config-router-af)#exit

R7(config-router)#exit

R7(config)#exit

R7#

Configuration de R10:

R10(config)#

R10(config)#ip vrf RSI

```
R10(config-vrf)#rd 2:100
R10(config-vrf)#route-target import 2:100
R10(config-vrf)#route-target export 2:100
R10(config-vrf)#exit
R10(config)#interface Serial 1/1
R10(config-if)#ip vrf forwarding RSI
R10(config-if)#exit
R10(config)#router rip
R10(config-router)#address-family ipv4 vrf RSI
R10(config-router)#exit
R10(config)#router bgp 1
R10(config-router)#neighbor 172.16.1.1 remote-as 1
R10(config-router)#address-family vpnv4
R10(config-router-af)#neighbor 172.16.1.1 activate
R10(config-router-af)#exit
R10(config-router)#address-family ipv4 vrf RSI
R10(config-router-af)#neighbor 172.16.1.1 remote-as 1
R10(config-router-af)#neighbor 172.16.1.1 activate
R10(config-router-af)#exit
R10(config-router)#exit
R10(config)#exit
R10#
```

Conclusion:

Grâce à ses mécanismes de commutation de labels avancés ainsi que par sa simplicité de mise en place sur des réseaux déjà existants, MPLS est devenu une technologie phare de demain associant souplesse, évolutivité et performance pour un coût réduit.

MPLS a évolué de telle manière qu'EILE est très utilisée dans l'industrie de gestion deS réseaux et devenu une technologie largement déployée dans les réseaux des fournisseurs de services. Ces dernières années, MPLS a été également adopté par les entreprises pour leurs liaisons intersites.

MPLS est une solution moderne permettant DE répondre à une multitude de problématiques posées par les réseaux actuels : vitesse, disponibilité, gestion de la qualité de service (QoS), et technologie du trafic.

MPLS fournit également une solution plus souple pour satisfaire la gestion de la bande passante et pour répondre aux contraintes des backbone IP de nouvelle génération.

Bibliographie:

www.frameip.com

http://fr.wikipedia.org/wiki/Multiprotocol_Label_Switching

www.cisco.com

http://rizzitech.blogspot.com

blinky-lights.org/networking/**mpls**.**pdf**

http://www.ixiacom.com/pdfs/library/white_papers/mpls.pdf

suraj.lums.edu.pk/~te/**mpls**/**MPLS**.**pdf**

www.fichier-pdf.com

www.ingramcontent.com/pod-product-compliance
Lightning Source LLC
LaVergne TN
LVHW042350060326
832902LV00006B/501